Género Cuento folclórico

Pregunta esencial

¿Qué pueden hacer los animales con su cuerpo?

Las alas musicales

Versión de Vita Jiménez
ilustrado por Jason Parker

Capítulo 1

Un ave chiquita

Hace mucho tiempo, había un gran espíritu que cuidaba a los animales de la selva. Un día creó un ave chiquita. Le dio un pico largo para chupar las flores y la llamó Picaflor. El ave no era muy bonita, pero tenía alas especiales.

Picaflor podía agitar las alas más rápido que todas las demás aves. También podía volar hacia atrás o quedarse detenida en el aire agitando las alas. *Chiqui chiqui chiqui chiqui*, hacían sus alas al moverse. ¡El espíritu estaba orgulloso de su ave!

Con el paso del tiempo, Picaflor comenzó a mirar a las otras aves de la selva. Todas tenían plumas hermosas. Algunas eran rojas como el fuego. Otras eran azules como el cielo. Otras eran amarillas como el sol. Entonces Picaflor se puso un poco triste.

—¿Por qué mis alas no son tan bonitas? —dijo.

Las otras aves le dijeron:

—Aunque no sean tan bonitas, hacen *chiqui chiqui chiqui chiqui*. ¡Y a todos nos gusta esa música!

Entonces Picaflor se puso contenta.

Un día, Picaflor se enamoró de un pajarito. El pajarito se enamoró de ella. Decidieron casarse. Pero había un problema. Picaflor no tenía vestido de novia. Se puso tan triste que dejó de volar. Las otras aves también se pusieron tristes. Ya no se oía el *chiqui, chiqui, chiqui, chiqui*.

—Ayudemos a Picaflor —dijo la araña.

—¿Pero cómo? —preguntó el ave de alas rojas.

—Pensemos —dijo la araña—. Todos juntos podemos tener una idea.

Todos los animales pensaron. Querían que Picaflor volara otra vez con su *chiqui, chiqui, chiqui, chiqui*.

Capítulo 2

Una buena idea

El ave de alas rojas tuvo una idea.

—Picaflor puede usar un collar hecho con mis plumas —dijo.

Se quitó ocho plumas y las ató en un ramito.

Todas las aves se quitaron plumas. El pájaro azul se las llevó al sastre. El sastre cosió un hermoso vestido de plumas.

El sastre le dijo a la araña:

—Trae un poco de tu tela sedosa para el velo.

Luego la araña lo ayudó a terminar el vestido.

¡Por fin, todo estaba listo! Los amigos de Picaflor le llevaron sus regalos.

El día de la boda, todos los animales esperaban a Picaflor. Picaflor se puso el vestido, el collar y el velo. Estaba tan feliz que no podía parar de mover las alas. Su aleteo creaba una música maravillosa. *Chiqui, chiqui, chiqui, chiqui*.

—¿Te muestro mi vestido? —le dijo al espíritu—. ¡Mira qué bonito es!

El espíritu sonrió y dijo:

—Picaflor, tu vestido es formidable. Pero eres especial porque solo tú puedes hacer música con las alas.

Picaflor entendió. Y voló hacia su boda: *chiqui, chiqui, chiqui, chiqui*.

Respuesta a la lectura

Volver a contar

Vuelve a contar *Las alas musicales*, en orden, con tus propias palabras.

Primero
↓
Después
↓
Luego
↓
Al final

Evidencia en el texto

1. Mira la página 7. ¿Qué hace el ave de las alas rojas para ayudar a Picaflor? **Orden de los sucesos**

2. Mira la página 10. ¿Qué sucede después de que los amigos de Picaflor le llevan sus regalos? **Orden de los sucesos**

3. ¿Cómo sabes que *Las alas musicales* es un cuento folclórico? **Género**

Género No ficción

Compara los textos

Lee para aprender más sobre el picaflor.

El picaflor

Ingram Publishing

El picaflor bate las alas a mucha velocidad. ¡Algunos aletean de 60 a 80 veces por segundo! Ese aleteo hace un sonido especial. El picaflor tiene un pico muy largo para chupar el néctar de las flores. Por eso tiene ese nombre. También se conoce como *colibrí, chuparrosas, huichichiqui y chupaflor*.

Brand X Pictures/PunchStock

Picaflor		
Cómo es	**Qué come**	**Cómo usa las alas**
Es muy pequeño. Se posa y se inclina hacia los lados, pero no camina ni salta. Su cuerpo es fuerte y sus alas son largas. El pico es largo, delgado y un poco curvo.	Come néctar. No come semillas, como otras aves.	Puede volar hacia adelante, hacia arriba, hacia abajo y hacia atrás. Parece quedarse suspendido en un lugar mientras bate las alas.

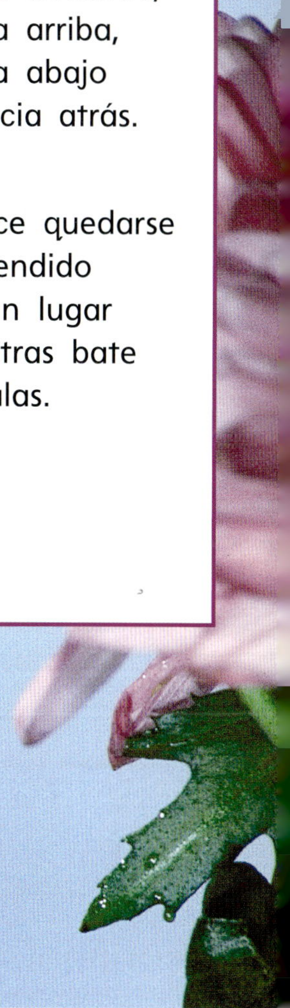

¿? Haz conexiones

Mira ambas lecturas. ¿Qué aprendiste del picaflor? **El texto y otros textos**

Enfoque:
Género

Cuento folclórico Un cuento folclórico es una historia inventada, basada en tradiciones y costumbres. Los cuentos folclóricos se trasmiten oralmente y a menudo dejan una enseñanza.

Lee y descubre La enseñanza de este cuento es que todos somos especiales tal como somos. Los animales hablan y se comportan como personas. Eso no sucede en la vida real.

Tu turno

Inventa un cuento sobre porqué un animal es especial. ¿Qué sabe hacer? Dibújalo y explica porqué es especial.